JOURNAL DE CAMPING

Appartient à :

_____

_____

Terrain de camping: _____
Date: _____ Site N0: _____
Localisation: _____
_____
_____

Météo: _____ Evaluation: ☆ ☆ ☆ ☆ ☆
Compagnons: _____
_____
_____

Lieu visité: _____
_____
_____
_____
_____

Activités: _____
_____
_____
_____
_____
_____

Les personnes rencontrées: _____
_____
_____
_____
_____

Faites-le la prochaine fois: _____
_____
_____
_____

Notes: _____
_____
_____
_____
_____
_____
_____
_____

Photo/dessin:

Terrain de camping: _____

Date: _____ Site N⁰: _____

Localisation: _____
_____
_____

Météo: _____ Evaluation: ☆ ☆ ☆ ☆ ☆

Compagnons : _____
_____
_____

Lieu visité: _____
_____
_____
_____
_____

Activités: _____
_____
_____
_____
_____
_____

Les personnes rencontrées: _____
_____
_____
_____

Faites-le la prochaine fois: _____
_____
_____
_____

Notes: _____

_____
_____
_____
_____
_____
_____
_____

Photo/dessin:

Terrain de camping: _____
Date: _____ Site N^o: _____
Localisation: _____
_____
_____

Météo: _____ Evaluation: ☆ ☆ ☆ ☆ ☆
Compagnons : _____
_____
_____

Lieu visité: _____
_____
_____
_____
_____

Activités: _____
_____
_____
_____
_____
_____

Les personnes rencontrées: _____
_____
_____
_____
_____

Faites-le la prochaine fois: _____
_____
_____
_____

Notes: _____
_____
_____
_____
_____
_____
_____
_____

Photo/dessin:

Terrain de camping: _____
Date: _____ Site N0: _____
Localisation: _____
_____
_____

Météo: _____ Evaluation: ☆ ☆ ☆ ☆ ☆
Compagnons : _____
_____
_____

Lieu visité: _____
_____
_____
_____
_____

Activités: _____
_____
_____
_____
_____
_____

Les personnes rencontrées: _____
_____
_____
_____
_____

Faites-le la prochaine fois: _____
_____
_____
_____
_____

Notes: _____
_____
_____
_____
_____
_____
_____
_____
_____

Photo/dessin:

Terrain de camping: _____
Date: _____ Site N0: _____
Localisation: _____
_____
_____

Météo: _____ Evaluation: ☆ ☆ ☆ ☆ ☆
Compagnons : _____
_____
_____

Lieu visité: _____
_____
_____
_____
_____

Activités: _____
_____
_____
_____
_____
_____
_____

Les personnes rencontrées: _____
_____
_____
_____
_____

Faites-le la prochaine fois: _____
_____
_____
_____
_____

Notes: _____

_____
_____
_____
_____
_____
_____
_____
_____

Photo/dessin:

Terrain de camping: _____

Date: _____ Site N०: _____

Localisation: _____
_____
_____

Météo: _____ Evaluation: ☆ ☆ ☆ ☆ ☆

Compagnons : _____
_____
_____

Lieu visité: _____
_____
_____
_____
_____

Activités: _____
_____
_____
_____
_____
_____

Les personnes rencontrées: _____
_____
_____
_____
_____

Faites-le la prochaine fois: _____
_____
_____
_____

Notes: _____

_____
_____
_____
_____
_____
_____
_____
_____

Photo/dessin:

Terrain de camping: _____
Date: _____ Site N0: _____
Localisation: _____
_____
_____

Météo: _____ Evaluation: ☆ ☆ ☆ ☆ ☆
Compagnons : _____
_____
_____

Lieu visité: _____
_____
_____
_____
_____

Activités: _____
_____
_____
_____
_____
_____

Les personnes rencontrées: _____
_____
_____
_____
_____

Faites-le la prochaine fois: _____
_____
_____
_____

Notes: _____
_____
_____
_____
_____
_____
_____

Photo/dessin:

Terrain de camping: _____
Date: _____ Site N°: _____
Localisation: _____
_____
_____

Météo: _____ Evaluation: ☆ ☆ ☆ ☆ ☆
Compagnons : _____
_____
_____

Lieu visité: _____
_____
_____
_____
_____

Activités: _____
_____
_____
_____
_____
_____
_____

Les personnes rencontrées: _____
_____
_____
_____
_____

Faites-le la prochaine fois: _____
_____
_____
_____

Notes: _____
_____
_____
_____
_____
_____
_____
_____

Photo/dessin:

Terrain de camping: _____
Date: _____ Site N○: _____
Localisation: _____
_____
_____

Météo: _____ Evaluation: ☆ ☆ ☆ ☆ ☆
Compagnons : _____
_____
_____

Lieu visité: _____
_____
_____
_____
_____

Activités: _____
_____
_____
_____
_____
_____

Les personnes rencontrées: _____
_____
_____
_____
_____

Faites-le la prochaine fois: _____
_____
_____
_____

Notes: _____
_____
_____
_____
_____
_____
_____
_____

Photo/dessin:

Terrain de camping: _____

Date: _____ Site N0: _____

Localisation: _____
_____
_____

Météo: _____ Evaluation: ☆ ☆ ☆ ☆ ☆

Compagnons : _____
_____
_____

Lieu visité: _____
_____
_____
_____
_____

Activités: _____
_____
_____
_____
_____
_____

Les personnes rencontrées: _____
_____
_____
_____
_____

Faites-le la prochaine fois: _____
_____
_____
_____

Notes: _____
_____
_____
_____
_____
_____
_____
_____
_____

Photo/dessin:

Terrain de camping: _____
Date: _____ Site N^o: _____
Localisation: _____
_____
_____

Météo: _____ Evaluation: ☆ ☆ ☆ ☆ ☆
Compagnons : _____
_____
_____

Lieu visité: _____
_____
_____
_____
_____

Activités: _____
_____
_____
_____
_____
_____

Les personnes rencontrées: _____
_____
_____
_____
_____

Faites-le la prochaine fois: _____
_____
_____
_____

Notes: _____
_____
_____
_____
_____
_____
_____
_____

Photo/dessin:

Terrain de camping: _____

Date: _____ Site N⁰: _____

Localisation: _____
_____
_____

Météo: _____ Evaluation: ☆ ☆ ☆ ☆ ☆

Compagnons : _____
_____
_____

Lieu visité: _____
_____
_____
_____
_____

Activités: _____
_____
_____
_____
_____
_____
_____

Les personnes rencontrées: _____
_____
_____
_____
_____

Faites-le la prochaine fois: _____
_____
_____
_____

Notes: _____

Photo/dessin:

Terrain de camping: _____
Date: _____ Site N0: _____
Localisation: _____
_____
_____

Météo: _____ Evaluation: ☆ ☆ ☆ ☆ ☆
Compagnons : _____
_____
_____

Lieu visité: _____
_____
_____
_____
_____

Activités: _____
_____
_____
_____
_____
_____

Les personnes rencontrées: _____
_____
_____
_____
_____

Faites-le la prochaine fois: _____
_____
_____
_____

Notes: _____
_____
_____
_____
_____
_____
_____
_____
_____

Photo/dessin:

Terrain de camping: _____
Date: _____ Site N°: _____
Localisation: _____
_____
_____

Météo: _____ Evaluation: ☆ ☆ ☆ ☆ ☆
Compagnons : _____
_____
_____

Lieu visité: _____
_____
_____
_____
_____

Activités: _____
_____
_____
_____
_____
_____

Les personnes rencontrées: _____
_____
_____
_____
_____

Faites-le la prochaine fois: _____
_____
_____
_____

Notes: _____
_____
_____
_____
_____
_____
_____
_____

Photo/dessin:

Terrain de camping: _____
Date: _____ Site N°: _____
Localisation: _____
_____
_____

Météo: _____ Evaluation: ☆ ☆ ☆ ☆ ☆
Compagnons : _____
_____
_____

Lieu visité: _____
_____
_____
_____
_____

Activités: _____
_____
_____
_____
_____
_____

Les personnes rencontrées: _____
_____
_____
_____
_____

Faites-le la prochaine fois: _____
_____
_____
_____

Notes: _____

_____
_____
_____
_____
_____
_____
_____
_____
_____

Photo/dessin:

Terrain de camping: _____
Date: _____ Site N0: _____
Localisation: _____
_____
_____

Météo: _____ Evaluation: ☆ ☆ ☆ ☆ ☆
Compagnons : _____
_____
_____

Lieu visité: _____
_____
_____
_____
_____

Activités: _____
_____
_____
_____
_____
_____

Les personnes rencontrées: _____
_____
_____
_____

Faites-le la prochaine fois: _____
_____
_____
_____

Notes: _____
_____
_____
_____
_____
_____
_____
_____

Photo/dessin:

Terrain de camping: _____

Date: _____ Site N°: _____

Localisation: _____
_____
_____

Météo: _____ Evaluation: ☆ ☆ ☆ ☆ ☆

Compagnons : _____
_____
_____

Lieu visité: _____
_____
_____
_____
_____

Activités: _____
_____
_____
_____
_____
_____

Les personnes rencontrées: _____
_____
_____
_____

Faites-le la prochaine fois: _____
_____
_____
_____

Notes: _____
_____
_____
_____
_____
_____
_____
_____
_____

Photo/dessin:

Terrain de camping: _____
Date: _____ Site N○: _____
Localisation: _____
_____
_____

Météo: _____ Evaluation: ☆ ☆ ☆ ☆ ☆
Compagnons : _____
_____
_____

Lieu visité: _____
_____
_____
_____
_____

Activités: _____
_____
_____
_____
_____
_____

Les personnes rencontrées: _____
_____
_____
_____
_____

Faites-le la prochaine fois: _____
_____
_____
_____

Notes: _____

_____
_____
_____
_____
_____
_____
_____

Photo/dessin:

Terrain de camping: _____
Date: _____ Site N0: _____
Localisation: _____
_____
_____

Météo: _____ Evaluation: ☆ ☆ ☆ ☆ ☆
Compagnons : _____
_____
_____

Lieu visité: _____
_____
_____
_____
_____

Activités: _____
_____
_____
_____
_____
_____

Les personnes rencontrées: _____
_____
_____
_____
_____

Faites-le la prochaine fois: _____
_____
_____
_____

Notes: _____
_____
_____
_____
_____
_____
_____
_____
_____

Photo/dessin:

Terrain de camping: _____
Date: _____ Site N⁰: _____
Localisation: _____
_____
_____

Météo: _____ Evaluation: ☆ ☆ ☆ ☆ ☆
Compagnons : _____
_____
_____

Lieu visité: _____
_____
_____
_____
_____

Activités: _____
_____
_____
_____
_____
_____

Les personnes rencontrées: _____
_____
_____
_____
_____

Faites-le la prochaine fois: _____
_____
_____
_____

Notes: _____
_____
_____
_____
_____
_____
_____
_____
_____

Photo/dessin:

Terrain de camping: _____
Date: _____ Site N^o: _____
Localisation: _____
_____
_____

Météo: _____ Evaluation: ☆ ☆ ☆ ☆ ☆
Compagnons : _____
_____
_____

Lieu visité: _____
_____
_____
_____
_____

Activités: _____
_____
_____
_____
_____
_____

Les personnes rencontrées: _____
_____
_____
_____
_____

Faites-le la prochaine fois: _____
_____
_____
_____

Notes: _____
_____
_____
_____
_____
_____
_____
_____

Photo/dessin:

Terrain de camping: _____
Date: _____ Site NO: _____
Localisation: _____
_____
_____

Météo: _____ Evaluation: ☆ ☆ ☆ ☆ ☆
Compagnons : _____
_____
_____

Lieu visité: _____
_____
_____
_____
_____

Activités: _____
_____
_____
_____
_____
_____
_____

Les personnes rencontrées: _____
_____
_____
_____
_____

Faites-le la prochaine fois: _____
_____
_____
_____
_____

Notes: _____
_____
_____
_____
_____
_____
_____
_____
_____

Photo/dessin:

Terrain de camping: _____
Date: _____ Site N0: _____
Localisation: _____
_____
_____

Météo: _____ Evaluation: ☆ ☆ ☆ ☆ ☆
Compagnons : _____
_____
_____

Lieu visité: _____
_____
_____
_____
_____

Activités: _____
_____
_____
_____
_____
_____

Les personnes rencontrées: _____
_____
_____
_____
_____

Faites-le la prochaine fois: _____
_____
_____
_____

Notes: _____
_____
_____
_____
_____
_____
_____
_____
_____

Photo/dessin:

Terrain de camping: _____
Date: _____ Site N O: _____
Localisation: _____
_____
_____

Météo: _____ Evaluation: ☆ ☆ ☆ ☆ ☆
Compagnons : _____
_____
_____

Lieu visité: _____
_____
_____
_____
_____

Activités: _____
_____
_____
_____
_____
_____
_____

Les personnes rencontrées: _____
_____
_____
_____
_____

Faites-le la prochaine fois: _____
_____
_____
_____

Notes: _____
_____
_____
_____
_____
_____
_____
_____
_____

Photo/dessin:

Terrain de camping: _____
Date: _____ Site N°: _____
Localisation: _____
_____
_____

Météo: _____ Evaluation: ☆ ☆ ☆ ☆ ☆
Compagnons : _____
_____
_____

Lieu visité: _____
_____
_____
_____
_____

Activités: _____
_____
_____
_____
_____
_____

Les personnes rencontrées: _____
_____
_____
_____
_____

Faites-le la prochaine fois: _____
_____
_____
_____

Notes: _____
_____
_____
_____
_____
_____
_____
_____
_____

Photo/dessin:

Terrain de camping: _____

Date: _____ Site N0: _____

Localisation: _____
_____
_____

Météo: _____ Evaluation: ☆ ☆ ☆ ☆ ☆

Compagnons : _____
_____
_____

Lieu visité: _____
_____
_____
_____
_____

Activités: _____
_____
_____
_____
_____
_____

Les personnes rencontrées: _____
_____
_____
_____
_____

Faites-le la prochaine fois: _____
_____
_____
_____

Notes: _____
_____
_____
_____
_____
_____
_____
_____
_____

Photo/dessin:

Terrain de camping: _____
Date: _____ Site N0: _____
Localisation: _____
_____
_____

Météo: _____ Evaluation: ☆ ☆ ☆ ☆ ☆
Compagnons : _____
_____
_____

Lieu visité: _____
_____
_____
_____
_____

Activités: _____
_____
_____
_____
_____
_____

Les personnes rencontrées: _____
_____
_____
_____
_____

Faites-le la prochaine fois: _____
_____
_____
_____

Notes: _____

_____
_____
_____
_____
_____
_____
_____
_____
_____

Photo/dessin:

Terrain de camping: _____
Date: _____ Site N°: _____
Localisation: _____
_____
_____

Météo: _____ Evaluation: ☆ ☆ ☆ ☆ ☆
Compagnons : _____
_____
_____

Lieu visité: _____
_____
_____
_____
_____

Activités: _____
_____
_____
_____
_____
_____

Les personnes rencontrées: _____
_____
_____
_____
_____

Faites-le la prochaine fois: _____
_____
_____
_____

Notes: _____
_____
_____
_____
_____
_____
_____
_____
_____

Photo/dessin:

Terrain de camping: _____
Date: _____ Site N⁰: _____
Localisation: _____
_____
_____

Météo: _____ Evaluation: ☆ ☆ ☆ ☆ ☆
Compagnons : _____
_____
_____

Lieu visité: _____
_____
_____
_____
_____

Activités: _____
_____
_____
_____
_____
_____

Les personnes rencontrées: _____
_____
_____
_____
_____

Faites-le la prochaine fois: _____
_____
_____
_____

Notes: _____
_____
_____
_____
_____
_____
_____
_____

Photo/dessin:

Terrain de camping: _____
Date: _____ Site N°: _____
Localisation: _____
_____
_____

Météo: _____ Evaluation: ☆ ☆ ☆ ☆ ☆
Compagnons : _____
_____
_____

Lieu visité: _____
_____
_____
_____
_____

Activités: _____
_____
_____
_____
_____
_____
_____

Les personnes rencontrées: _____
_____
_____
_____
_____

Faites-le la prochaine fois: _____
_____
_____
_____
_____

Notes: _____
_____
_____
_____
_____
_____
_____
_____

Photo/dessin:

Terrain de camping: _____
Date: _____ Site N0: _____
Localisation: _____
_____
_____

Météo: _____ Evaluation: ☆ ☆ ☆ ☆ ☆
Compagnons : _____
_____
_____

Lieu visité: _____
_____
_____
_____
_____

Activités: _____
_____
_____
_____
_____
_____

Les personnes rencontrées: _____
_____
_____
_____
_____

Faites-le la prochaine fois: _____
_____
_____
_____

Notes: _____
_____
_____
_____
_____
_____
_____
_____
_____

Photo/dessin:

Terrain de camping: _____

Date: _____ Site N°: _____

Localisation: _____
_____
_____

Météo: _____ Evaluation: ☆ ☆ ☆ ☆ ☆

Compagnons : _____
_____
_____

Lieu visité: _____
_____
_____
_____
_____

Activités: _____
_____
_____
_____
_____
_____
_____

Les personnes rencontrées: _____
_____
_____
_____
_____

Faites-le la prochaine fois: _____
_____
_____
_____

Notes: _____
_____
_____
_____
_____
_____
_____
_____
_____

Photo/dessin:

Terrain de camping: _____
Date: _____ Site N٥: _____
Localisation: _____
_____
_____

Météo: _____ Evaluation: ☆ ☆ ☆ ☆ ☆
Compagnons : _____
_____
_____

Lieu visité: _____
_____
_____
_____
_____

Activités: _____
_____
_____
_____
_____
_____

Les personnes rencontrées: _____
_____
_____
_____
_____

Faites-le la prochaine fois: _____
_____
_____
_____

Notes: _____
_____
_____
_____
_____
_____
_____
_____

Photo/dessin:

Terrain de camping: _____
Date: _____ Site N°: _____
Localisation: _____
_____
_____

Météo: _____ Evaluation: ☆ ☆ ☆ ☆ ☆

Compagnons : _____
_____
_____

Lieu visité: _____
_____
_____
_____
_____

Activités: _____
_____
_____
_____
_____
_____

Les personnes rencontrées: _____
_____
_____
_____
_____

Faites-le la prochaine fois: _____
_____
_____
_____

Notes: _____
_____
_____
_____
_____
_____
_____
_____
_____

Photo/dessin:

Terrain de camping: _____

Date: _____ Site N0: _____

Localisation: _____
_____
_____

Météo: _____ Evaluation: ☆ ☆ ☆ ☆ ☆

Compagnons : _____
_____
_____

Lieu visité: _____
_____
_____
_____
_____

Activités: _____
_____
_____
_____
_____
_____

Les personnes rencontrées: _____
_____
_____
_____
_____

Faites-le la prochaine fois: _____
_____
_____
_____

Notes: _____

_____
_____
_____
_____
_____
_____
_____
_____

Photo/dessin:

Terrain de camping: _____
Date: _____ Site N0: _____
Localisation: _____
_____
_____

Météo: _____ Evaluation: ☆ ☆ ☆ ☆ ☆
Compagnons : _____
_____
_____

Lieu visité: _____
_____
_____
_____
_____

Activités: _____
_____
_____
_____
_____
_____
_____

Les personnes rencontrées: _____
_____
_____
_____
_____

Faites-le la prochaine fois: _____
_____
_____
_____

Notes: _____

_____
_____
_____
_____
_____
_____
_____
_____

Photo/dessin:

Terrain de camping: _____
Date: _____ Site N0: _____
Localisation: _____
_____
_____

Météo: _____ Evaluation: ☆ ☆ ☆ ☆ ☆
Compagnons : _____
_____
_____

Lieu visité: _____
_____
_____
_____

Activités: _____
_____
_____
_____
_____

Les personnes rencontrées: _____
_____
_____
_____

Faites-le la prochaine fois: _____
_____
_____
_____

Notes: _____
_____
_____
_____
_____
_____
_____
_____
_____

Photo/dessin:

Terrain de camping: _____
Date: _____ Site N0: _____
Localisation: _____
_____
_____

Météo: _____ Evaluation: ☆ ☆ ☆ ☆ ☆
Compagnons : _____
_____
_____

Lieu visité: _____
_____
_____
_____
_____

Activités: _____
_____
_____
_____
_____
_____

Les personnes rencontrées: _____
_____
_____
_____
_____

Faites-le la prochaine fois: _____
_____
_____
_____

Notes: _____
_____
_____
_____
_____
_____
_____
_____

Photo/dessin:

Terrain de camping: _____
Date: _____ Site N0: _____
Localisation: _____
_____
_____

Météo: _____ Evaluation: ☆ ☆ ☆ ☆ ☆
Compagnons : _____
_____
_____

Lieu visité: _____
_____
_____
_____
_____

Activités: _____
_____
_____
_____
_____
_____

Les personnes rencontrées: _____
_____
_____
_____
_____

Faites-le la prochaine fois: _____
_____
_____
_____

Notes: _____
_____
_____
_____
_____
_____
_____
_____

Photo/dessin:

Terrain de camping: _____

Date: _____ Site N0: _____

Localisation: _____
_____
_____

Météo: _____ Evaluation: ☆ ☆ ☆ ☆ ☆

Compagnons : _____
_____
_____

Lieu visité: _____
_____
_____
_____
_____

Activités: _____
_____
_____
_____
_____
_____

Les personnes rencontrées: _____
_____
_____
_____

Faites-le la prochaine fois: _____
_____
_____
_____

Notes: _____
_____
_____
_____
_____
_____
_____
_____
_____
_____

Photo/dessin:

Terrain de camping: _____
Date: _____ Site N0: _____
Localisation: _____
_____
_____

Météo: _____ Evaluation: ☆ ☆ ☆ ☆ ☆
Compagnons : _____
_____
_____

Lieu visité: _____
_____
_____
_____
_____

Activités: _____
_____
_____
_____
_____
_____

Les personnes rencontrées: _____
_____
_____
_____

Faites-le la prochaine fois: _____
_____
_____
_____

Notes: _____
_____
_____
_____
_____
_____
_____
_____

Photo/dessin:

Terrain de camping: _____
Date: _____ Site N⁰: _____
Localisation: _____
_____
_____

Météo: _____ Evaluation: ☆ ☆ ☆ ☆ ☆
Compagnons : _____
_____
_____

Lieu visité: _____
_____
_____
_____

Activités: _____
_____
_____
_____
_____

Les personnes rencontrées: _____
_____
_____
_____

Faites-le la prochaine fois: _____
_____
_____
_____

Notes: _____
_____
_____
_____
_____
_____
_____
_____
_____

Photo/dessin:

Terrain de camping: _____
Date: _____ Site N0: _____
Localisation: _____
_____
_____

Météo: _____ Evaluation: ☆ ☆ ☆ ☆ ☆
Compagnons : _____
_____
_____

Lieu visité: _____
_____
_____
_____
_____

Activités: _____
_____
_____
_____
_____
_____

Les personnes rencontrées: _____
_____
_____
_____
_____

Faites-le la prochaine fois: _____
_____
_____
_____

Notes: _____
_____
_____
_____
_____
_____
_____
_____

Photo/dessin:

Terrain de camping: _____
Date: _____ Site N°: _____
Localisation: _____
_____
_____

Météo: _____ Évaluation: ☆ ☆ ☆ ☆ ☆
Compagnons : _____
_____
_____

Lieu visité: _____
_____
_____
_____
_____

Activités: _____
_____
_____
_____
_____
_____

Les personnes rencontrées: _____
_____
_____
_____

Faites-le la prochaine fois: _____
_____
_____
_____

Notes: _____
_____
_____
_____
_____
_____
_____
_____
_____

Photo/dessin:

Terrain de camping: _____
Date: _____ Site N°: _____
Localisation: _____
_____
_____

Météo: _____ Evaluation: ☆ ☆ ☆ ☆ ☆
Compagnons : _____
_____
_____

Lieu visité: _____
_____
_____
_____
_____

Activités: _____
_____
_____
_____
_____
_____
_____

Les personnes rencontrées: _____
_____
_____
_____
_____

Faites-le la prochaine fois: _____
_____
_____
_____

Notes: _____
_____
_____
_____
_____
_____
_____
_____
_____
_____
_____

Photo/dessin:

Terrain de camping: _____
Date: _____ Site N0: _____
Localisation: _____
_____
_____

Météo: _____ Evaluation: ☆ ☆ ☆ ☆ ☆

Compagnons : _____
_____
_____

Lieu visité: _____
_____
_____
_____

Activités: _____
_____
_____
_____
_____

Les personnes rencontrées: _____
_____
_____
_____

Faites-le la prochaine fois: _____
_____
_____
_____

Notes: _____
_____
_____
_____
_____
_____
_____
_____
_____

Photo/dessin:

Terrain de camping: _____
Date: _____ Site N०: _____
Localisation: _____
_____
_____

Météo: _____ Evaluation: ☆ ☆ ☆ ☆ ☆
Compagnons : _____
_____
_____

Lieu visité: _____
_____
_____
_____
_____

Activités: _____
_____
_____
_____
_____
_____

Les personnes rencontrées: _____
_____
_____
_____

Faites-le la prochaine fois: _____
_____
_____
_____

Notes: _____
_____
_____
_____
_____
_____
_____
_____
_____
_____

Photo/dessin:

Terrain de camping: _____

Date: _____ Site N⁰: _____

Localisation: _____
_____
_____

Météo: _____ Evaluation: ☆ ☆ ☆ ☆ ☆

Compagnons : _____
_____
_____

Lieu visité: _____
_____
_____
_____
_____

Activités: _____
_____
_____
_____
_____
_____

Les personnes rencontrées: _____
_____
_____
_____

Faites-le la prochaine fois: _____
_____
_____
_____

Notes: _____
_____
_____
_____
_____
_____
_____
_____

Photo/dessin:

www.ingramcontent.com/pod-product-compliance
Lightning Source LLC
Chambersburg PA
CBHW071022080526
44587CB00015B/2459